Für meine Lehrer
Danke für eure Anleitung und Unterstützung

Natürlich **magellan**©

Hergestellt in Deutschland
Gedruckt auf FSC®-Papier
Farben auf Pflanzenölbasis
Lösungsmittelfreier Klebstoff
Drucklack auf Wasserbasis

2. Auflage 2022
© 2021 Magellan GmbH & Co. KG, Laubanger 8, 96052 Bamberg
This translation of „What's inside a Flower?
And other Answers about Science & Nature" was published
by arrangement with Random House Children's Books,
a division of Pengiun Random House LLC.
© Crown Books for Young Readers
Text and Illustrations © 2021 Rachel Ignotofsky

Alle Rechte der deutschsprachigen Ausgabe vorbehalten.
Übersetzung: Cornelia Panzacchi
Umschlaggestaltung: Christian Keller
unter Verwendung einer Illustration von Rachel Ignotofsky
Druck: Cuno, Calbe
ISBN 978-3-7348-6051-5

www.magellanverlag.de

RACHEL IGNOTOFSKY

DAS WUNDER EINER

BLUME

WARUM BLUMEN UND PFLANZEN SO WICHTIG SIND

Aus dem Englischen
von Cornelia Panzacchi

magellan

Blumen
gibt es überall.

Lilie

Fuchsie

Narzisse

Sonnenhut

Wilde Möhre

Distel

Sie blühen
in geschäftigen Städten,

im
tiefen
Dschungel,

Mohnmalve

Roter Prärieklee

Feinstrahl-Aster

Prärie-Lauch

Gottesanbeterin

Grashüpfer

auf Wiesen und Feldern

**und in Gärten
und Parks.**

Hyazinthe

Narzisse

Lavendel

Blumen gibt es in den unterschiedlichsten

Farben,

Lavendel

Rote Anemone

Ringelblume

Formen

Helikonie

Frauenschuh-Orchidee

Passionsblume

Paradies-vogelblume

und Größen.

Titanenwurz

Ekliger Geruch

Fliege

Schleier-Gipskraut

Rund einen Meter im Durchmesser

Über zwei Meter in der Höhe

Rund drei Millimeter im Durchmesser

Eine einzelne Blüte

Viele kleine Blüten

Aber wie wächst eine Blume eigentlich?

Warum bringen Pflanzen überhaupt Blüten hervor?

Und was verbirgt sich in einer Blüte?

Blütenblätter

Die Wissenschaft hilft uns dabei, diese Fragen zu beantworten!

Blüte

Blätter

Stängel

Wurzeln

Eine Blume beginnt ihr Leben
als Samen in der Erde.

Erde

① ② ③ ④

Samen

Aus dem Samen
sprießen die Wurzeln
und die ersten Blätter.

Regenwurm

Mit der Zeit wird die kleine Blume immer größer.

Landassel

Regenwasser

Tausendfüßer

Erde

Wasser

Die Wurzeln breiten sich aus, verankern die Pflanze in der Erde und geben ihr Halt.

Wurzelhaare

Kalzium

Schwefel

Magnesium

Kalium

Phosphor

Stickstoff

Mineralien

Enthält der Boden genügend Mineralien und Wasser, wächst die Pflanze besonders gut.

Stängel

Ameise

Das Regenwasser
sickert in die Erde und
gelangt so hinunter zu
den Wurzeln.

Wasser

Die Mineralien im Boden
ernähren die Pflanze.

Hauptwurzel

Über die feinen
Wurzelhaare
nimmt die Pflanze
das Wasser auf.

Regenwurm

Marienkäfer

Der Stängel der Blume wächst aus dem Boden.

Stängel

Blattstiel

Wasser und Mineralien

Wasser und Mineralien werden über die Wurzeln durch den Stängel zu den oberen Teilen der Pflanze geleitet.

Oberhalb des Erdbodens liegt der Spross.

Im Erdboden liegen die Wurzeln.

Wenn eine Blume ausgewachsen ist,
erscheinen die ersten Blütenknospen.

Jede Knospe
öffnet sich
Stück für Stück
und wird zu
einer wunderschönen …

Knospe

Blütenblatt

Blütenblatt

Kelchblatt

Kelchblatt

Kelchblatt

Stängel

Stängel

Stängel

... BLÜTE!

Blütenblätter

Kelchblatt

Stängel

Blatt

Aber wo entstehen eigentlich die Samen? Wir schauen in eine Blüte hinein.

Stempel

Narbe

Griffel

Eizellen

Frucht-knoten

Pollen

Staubblatt

Staubbeutel

Staubfaden

Blütenblätter

Kelchblatt

Stängel

Blatt

In den männlichen Staubblättern erzeugen Staubbeutel und Staubfaden den Blütenstaub: den Pollen.

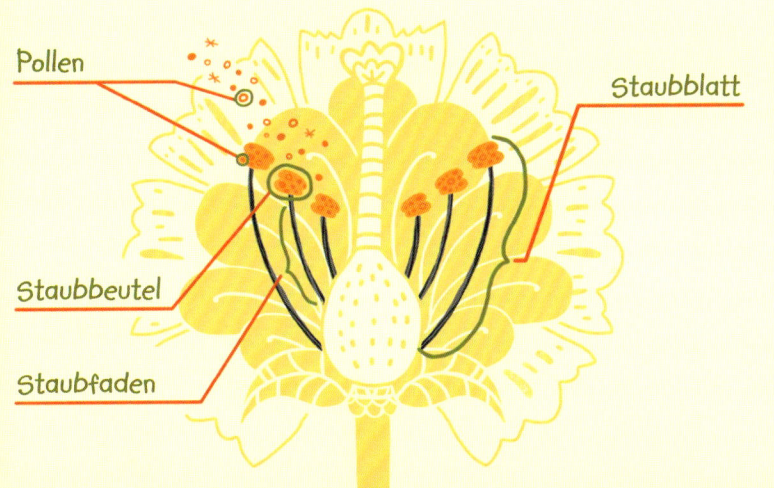

Pollen

Staubblatt

Staubbeutel

Staubfaden

Im weiblichen Stempel verbindet der Griffel die klebrige Narbe mit den Eizellen im Fruchtknoten.

Narbe

Griffel

Stempel

Frucht-knoten

Eizellen

Ein Samen kann nur entstehen, wenn der Pollen auf der Narbe landet.

Diese Art der Befruchtung nennt man Bestäubung.

Bestäubung kann immer nur zwischen Blüten derselben Art stattfinden.

Pollen

Die Blüten mancher Arten können sich selbst befruchten.

Ich bin ein Selbst-bestäuber!

Ich kann meine Samen ganz alleine machen!

Sonnenblume

Die meisten Blüten müssen mit Pollen anderer Blumen befruchtet werden.

Gib mir deinen Pollen!

Das nennt man Fremdbestäubung.

Wir brauchen Hilfe, um Samen zu machen!

Viele Pflanzen brauchen Hilfe bei der Bestäubung.

Pollen

Sal-Weide

Gräser

Manche Blüten
lassen ihren Pollen vom
Wind davontragen.

Andere von Tieren.

Gelber Sonnenhut

Hummel

Pollen

Kolibri

Akelei

Diese Tiere nennt
man Bestäuber.

Nachtfalter

Pollen

Pollen

Schmetterling

Zinnie

Geißblatt

Blüten erzeugen Nektar.
Er lockt die Bestäuber an.

Bestäuber

Miam!

Nektar

Pollen

Staubblatt

Pollen

Kleiner Langzungenflughund

Bienen, Schmetterlinge, Vögel
und Fledermäuse lecken oder
saugen den süßen Nektar aus
dem Blütenkelch.

Der Pollen bleibt an ihrem
Körper kleben. Und während
sie von Blüte zu Blüte fliegen …

Pollen

Mhm!
Nektar!

Pollen

Nektar

Pollen

… tragen sie den Pollen
weiter, sodass Samen
entstehen können!

Blüten locken Bestäuber auf verschiedene Arten an.

Pollen

Pollen

Stiefmütterchen

Azalee

Viele Blumen haben
bunte Blütenblätter,
die Insekten anziehen.

Prunkwinde

Peruanischer
Apfelkaktus

Manche Blüten locken
Bestäuber durch ihren
intensiven Duft an.

Blüten, die nachts blühen,
duften ganz besonders
stark, damit Bestäuber sie
auch im Dunkeln finden.

Die Form der Blütenblätter erleichtert Bestäubern die Nahrungsaufnahme.

Pollen

Ringelblume

Margerite

Manche Blütenblätter eignen sich sehr gut als Landebahnen.

Kletter-trompete

Pollen

Andere Blütenkelche sind perfekt an Tiere mit langen Schnäbeln oder Zungen angepasst.

Butterblume

Pollen

Je mehr Bestäuber eine Blüte aufsuchen, desto größer ist die Chance, dass Samen entstehen.

Blüte

Passionsblume

Eichensamen

Samen der Passionsblume

Passionsfrucht

Eiche

Tomatensamen

Mohn

Viele Pflanzen können sich nur über Samen vermehren und ausbreiten.

Blüte

Tomate

Mohnsamen

Blüte

Löwenzahn

Ahornsamen

Ahorn

Löwenzahnsamen

Wenn der Samen heranwächst,
verändert sich auch die Blüte.

Die Blütenblätter beginnen zu
welken und fallen schließlich ab.

Samen-Kapsel

① ② ③

Samen

Um den Samen herum
bildet sich eine schützende
Frucht oder Kapsel.

①

②

③

①

②

③

Erbsenschote

Samen

Apfel

Samen

Fruchthülse der Blasen-Esche

Kichererbse

Samenhülse des Flammenbaums

Samenhülse des Flaschenbaums

Kirschen

Avocado

Rosskastanie

Mohn-samen

Ahornsamen

Samenkapseln des Amberbaums

Samen verbergen sich in den unter-schiedlichsten Früchten, Hülsen und Kapseln.

Chilischote

Lotossamen im Stempel

Samenkapseln der Pfingstrose

Gurke

Sternanis-frucht

Granatapfelfrucht

Orange

Eichel

Samenhülse der Meskalbohne

Buchecker

Samenkapsel der Zaubernuss

Die Samen beginnen zu reifen. Bald sind sie so weit.

Plopp!

Veilchen

Manche Samen fallen, sobald sie reif sind, einfach zu Boden.

Miam!

Maulbeere

Kardinal

Andere Samen werden von Tieren gefressen und über deren Kot verbreitet.

Pferd

Eichel

Eichhörnchen

Kot

Apfel-samen

Apfel

Lecker!

Maus

Brombeeren

Manche Samen unternehmen weite Reisen. Sie rollen Hänge hinab, werden vom Wind davongetragen oder treiben den Fluss hinunter.

Löwenzahnsamen

Lotoskapseln

Flugsamen sind sehr leicht und haben kleine Flügel.

Ahornsamen

Walnuss

Andere Samen sind schwerer und besitzen eine harte Schale.

Kletten-Samenkapsel

Katze

Wieder andere haben feine Haken, mit denen sie sich ans Fell vorüberkommender Tiere anheften.

Sobald ein Samen einen Platz in der Erde gefunden hat, beginnt er zu keimen.

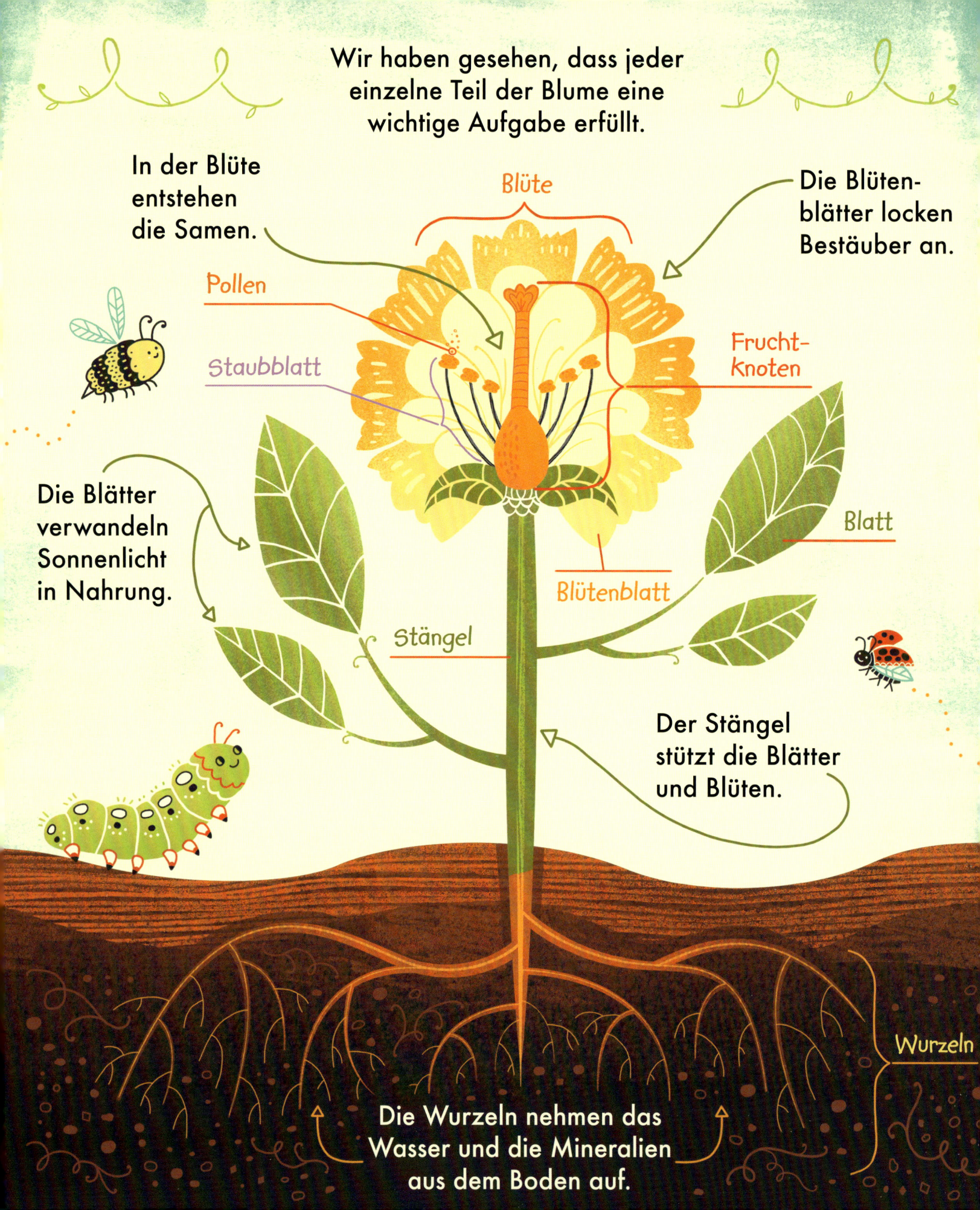

Wir haben gesehen, dass jeder einzelne Teil der Blume eine wichtige Aufgabe erfüllt.

In der Blüte entstehen die Samen.

Blüte

Die Blütenblätter locken Bestäuber an.

Pollen

Staubblatt

FruchtKnoten

Die Blätter verwandeln Sonnenlicht in Nahrung.

Blatt

Blütenblatt

Stängel

Der Stängel stützt die Blätter und Blüten.

Wurzeln

Die Wurzeln nehmen das Wasser und die Mineralien aus dem Boden auf.

Wir wissen nun, wie wichtig Blumen und Pflanzen für das Leben auf der Erde sind.

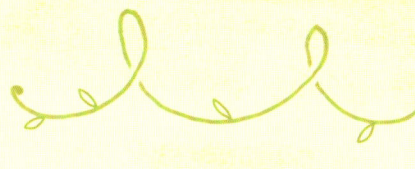

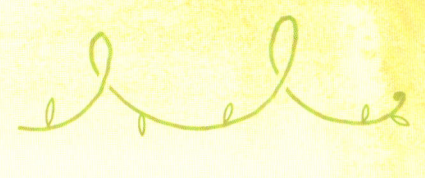

Die Samen sorgen dafür, dass sich Pflanzen überall verbreiten können.

Pflanzen erzeugen Sauerstoff.

Sauerstoff

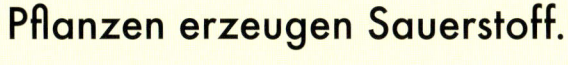

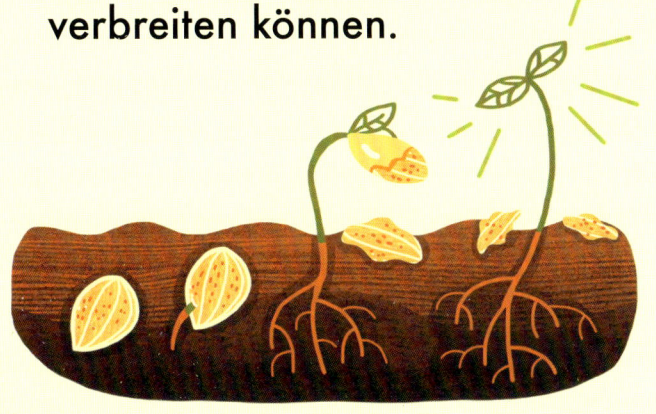

Pflanzen versorgen Menschen und Tiere mit Nahrung.

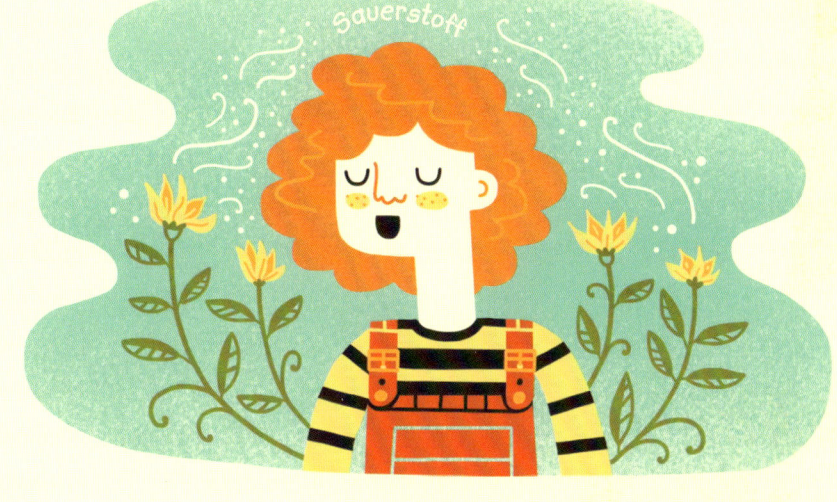

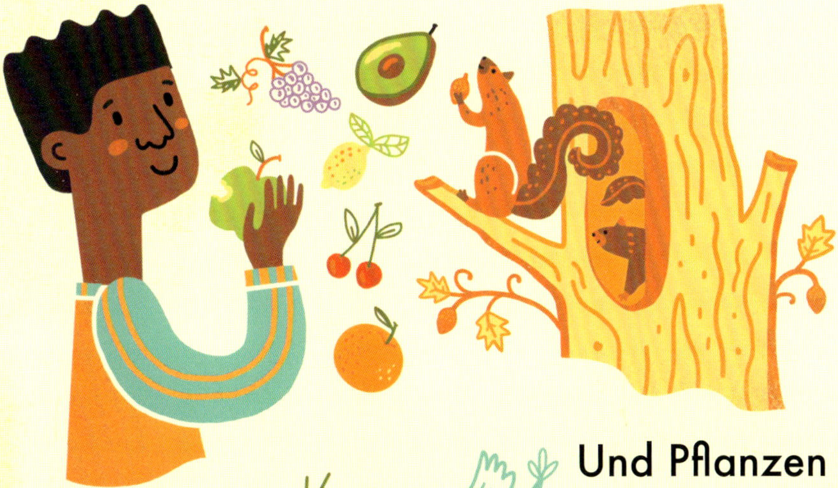

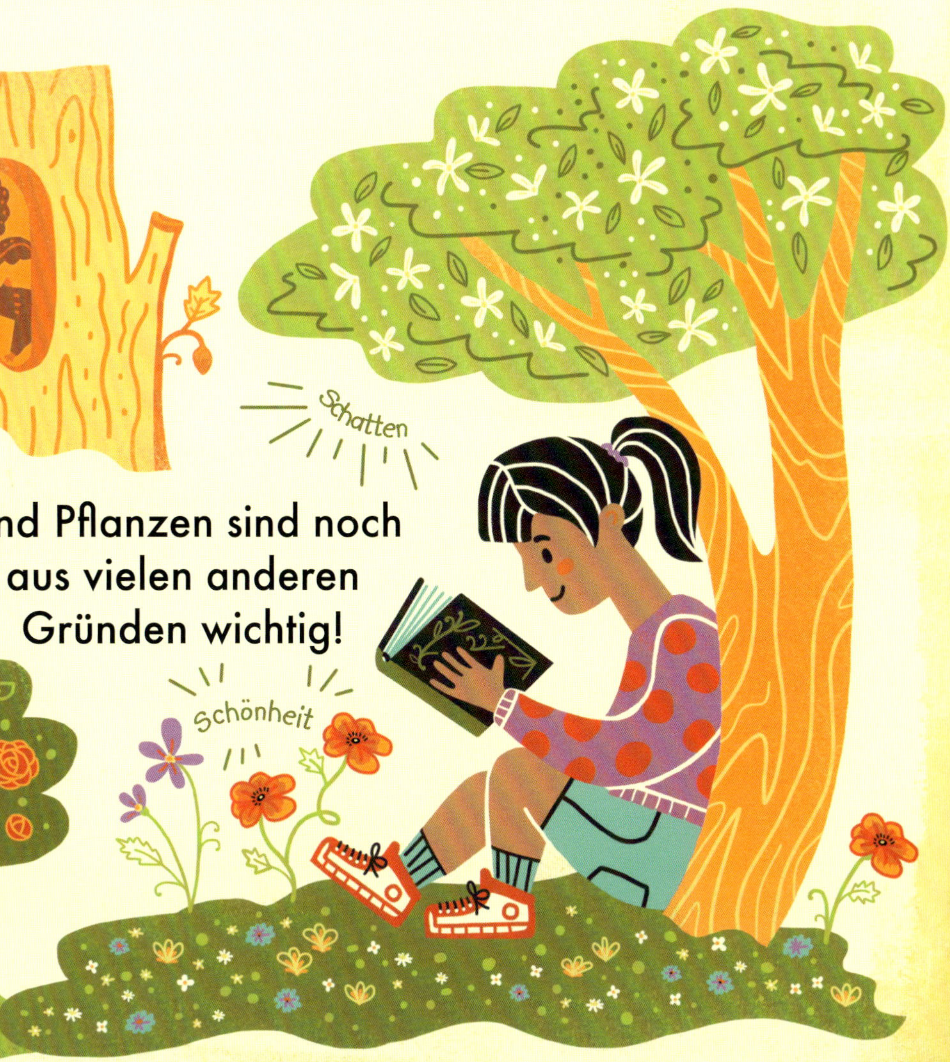
Schatten
Schönheit

Und Pflanzen sind noch aus vielen anderen Gründen wichtig!

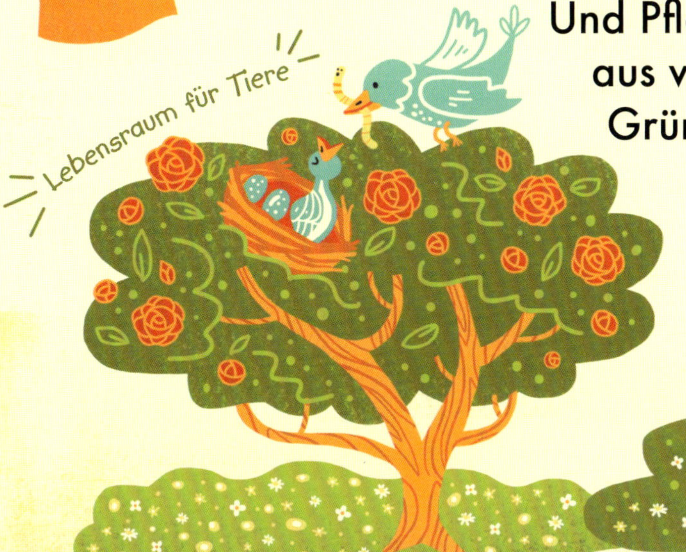
Lebensraum für Tiere

Was willst du in deinem Garten pflanzen?
Was willst du wachsen sehen?

Leckere Tomaten?

Duftenden Lavendel?

Riesige Sonnenblumen?

Egal, wofür du
dich entscheidest –
es wird etwas ganz
Besonderes sein.

Denn jetzt weißt du,
wie Blumen und Pflanzen
wachsen, wie sie sich
vermehren und warum
sie für unseren Planeten
so wichtig sind.

Wenn es den Pflanzen
gut geht, geht es der
ganzen Erde gut.
Und auch dir und mir.